Fundamentos
de la
Psicología Clínica

Dr. Juan Moisés de la Serna

www.juanmoisesdelaserna.es

Prefacio

La Psicología Clínica es una de las salidas profesionales más elegidas por los profesionales que estudian la carrera de Psicología, en donde se dedican a la atención psicológicas de las personas muestren o no psicopatologías.

Igualmente la psicología clínica es la más conocida por el gran público sobre la labor del psicólogo, ámbito que cada día es más amplio debido a los grandes beneficios de contar con profesionales especializados en conocer la forma de sentir, pensar y comportarse las personas.

Índice

Dedicado a mis padres

Aviso Legal

No se permite la reproducción total o parcial de este libro, ni su incorporación a un sistema informático, ni su transmisión en cualquier forma o por cualquier medio, sea éste electrónico, mecánico, por fotocopia, por grabación u otros medios, sin el permiso previo y por escrito del titular del copyright. La infracción de los derechos mencionados puede ser constitutiva de delito contra la propiedad intelectual (Art. 270 y siguientes del Código Penal).

Diríjase a C.E.D.R.O. (Centro Español de Derechos Reprográficos) si necesita fotocopiar o escanear algún fragmento de esta obra. Puede contactar con C.E.D.R.O. a través de la web www.conlicencia.com o por el teléfono en el 91 702 19 70 / 93 272 04 47.

Capítulo 1. Historia y principios de la Psicología Clínica

Antes de poder ver la evolución de la Psicología Clínica a lo largo del tiempo hay que tener en cuenta que se trata de una rama de la Psicología, ciencia que surgió del ámbito experimental gracias al laboratorio de investigación de los procesos psicofisiológicos en la segunda mitad del siglo XIX por Wilhelm Wundt.

Eso no quiere decir que con anterioridad no se hubiesen realizado estudios y observaciones en el ámbito de la psicología e incluso de la psicología clínica, pero se había hecho desde otras ciencias como era la filosofía, la antropología o la medicina, pero todo ello sin una base ni modelo explicativo que lo sustentase.

A partir de este primer laboratorio de psicología empiezan a surgir investigadores "preocupados" por este nuevo campo, que van aportando datos, experiencias y teorías, que tratan de dar cuenta de lo que hasta ahora se había denominado "mente" y que en muchos círculos científicos era considerado como pseudociencia.

Actualmente y gracias a los avances en psicometría, neurología y otras ciencias se ha podido comprobar y observar los fenómenos descritos por la psicología, confirmando o rebatiendo las teorías explicativas del momento.

Con respecto a la salud mental se produjeron grandes avances al incorporar el método científico en las observaciones y el tratamiento empleado, donde además de los aspectos meramente físicos (signos) se tenían en cuenta a las personas en su conjunto (síntomas).

Fueron muchas las aproximaciones que en los primeros momentos del surgimiento de la psicología clínica trataban de dar cuenta del origen y tratamiento más adecuado, como en el caso del mesmerismo de Franz Mésmer, que conformó las bases de la Hipnosis Clínica actual.

Sobre la misma época surgió la denominada de Medicina Antropológica, quienes desarrollan el término de "patología biográfica" que posteriormente será retomado, el cual indica que las patologías pueden ser comprendidas y entendidas si se atiende a la biografía del paciente.

De ésta forma se incorpora, a los procesos médicos, la vida íntima del paciente, que hasta este momento no se había tenido en cuenta, como sus pasiones, conflictos y tensiones insatisfechas; igualmente se establece que la relación médico-paciente debe de tener en cuenta más a la sintomatología de la persona y no tanto a los signos.

Una de las teorías que ha llegado hasta nuestros días ha sido el psicoanálisis de Sigmund Freud el cual ha ido evolucionando en lo que se ha denominado como escuelas psicoanalíticas las cuales tienen una concepción diferente de afrontar la enfermedad mental:

- Escuela de París, surge para dar cuenta de fenómenos, que no encajan con la histeria de conversión, ni de la neurosis, debido a una escasa mentalización de las patologías psicosomáticas, que impide la expresión psíquica de los conflictos; lo que hace que mediante un proceso de somatización pase de ser psíquico a físico, sin tener un componente que lo sustente simbólico, lo que le diferencia claramente de los síntomas por conversión.

- Escuela de Chicago, en donde se prima el estudio de las teorías de rasgos de personalidad, buscando perfiles psicológicos que sean más propensos a padecer una u otra enfermedad psicosomática. Para ello se tiene en cuenta la historia personal del paciente, atendiendo tanto a la constitución de la persona, las enfermedades y accidentes físicos padecidos, el clima emocional familiar y sus experiencias afectivas, con lo que se establece una "patobiografía". Según ésta aportación, las alteraciones producidas por enfermedades o accidentes que van a afectar a una parte del organismo, van a quedar asociadas a emociones. Con posterioridad, los conflictos psíquicos que movilizan grandes cantidades de energía emocional provocan que esa asociación aflore causando los síntomas físicos del pasado.

- Escuela de Argentina, conocida también como Escuela Chiozza, donde se ha desarrollado el término de Estudio Patobiográfico; en donde se recupera la función simbólica de la enfermedad psicosomática, entendiendo al cuerpo como el lenguaje que utiliza para ello; siendo el síntoma una parte de la historia biográfica de la persona que le resulta insoportable, encontrando su liberación a través del cuerpo.

Para ésta escuela, la historia de episodios y vivencias personales anteriores, es tanto o más importante que el historial médico de signos y síntomas de enfermedad, ya que una no se puede comprender sin la otra.

El proceso por el cual el afecto lleva a enfermar, al paciente se denomina desestructuración patosomática del afecto, proveniente de un afecto rechazado que no se convierte en consciente.

- Escuela de Inglaterra, retoman la diada madre-hijo, como eje fundamental para la estructuración de la persona, lo cual se produce a partir del primer año de vida, siendo la somatización la expresión a través del cuerpo, dado como modo de relación preexistente a la aparición de la palabra. Estas estructuras basadas en la experiencia del bebé, van a fijarse en una de estas dos posiciones, esquizoparanoide (ante un yo inmaduro guiado por sus instintos más básicos) y la depresiva (el yo percibe los matices y está expuesto a la realidad exterior).

Estas dos posiciones, según Klein, van a establecer cómo se va a ir relacionando la persona con la ansiedad, así como su mecanismo de defensa. La ansiedad para ésta aproximación va a ser crucial en los primeros meses de vida, ya que va a configurar el mundo interior y a determinar la forma de relacionarse de la persona con el mundo exterior en un futuro.

Como hemos visto, la Psicología Clínica surgió como una rama de la Psicología especializada en el ámbito de la salud mental, campo que ha compartido desde sus orígenes con la Psiquiatría.

De hecho, ha sido mucho la discusión sobre el solapamiento de ambos ámbitos de intervención, a pesar de que procedan de aproximaciones totalmente diferentes, la primera, la Psicología Clínica, como rama de la psicología, dedicada al estudio e investigación de la persona, en este caso con patologías mentales. La segunda, la Psiquiatría, es una rama de la medicina centrada en atender los problemas de salud mental, como una especialización más de la forma de trabajo médico.

Hay que tener en cuenta que la forma de trabajar de ambos es diferente, en muchos países, el médico especialista, el psiquiatra puede recetar medicamentos, de hecho, es el tratamiento principal que emplea.

En cambio, el psicólogo clínico, no puede recetar medicamentos y eso a pesar de estar formado en ello con asignaturas de psicofarmacología, centrando la intervención en los pacientes a través de las psicoterapias.

Es cierto que, en algunos países, como en EE.UU. los psicólogos si pueden recetar, aunque un limitado número de medicamentos, sobre todo asociados al control del estado de ánimo como antidepresivos o ansiolíticos.

Igualmente, la aproximación sobre los signos y

síntomas que se hablará en el siguiente apartado es diferente, así los psiquiatras se basarán sobre todo en la presencia de signos, mientras que los psicólogos lo harán en los síntomas del paciente.

Pero si hasta ahora estamos hablando sobre salud mental o psicopatologías, falta que definamos este campo de estudio, para ello nos hacemos eco de las palabras de la Organización Mundial de la Salud, quien define la salud como:

"La salud es un estado de completo bienestar físico, mental y social, y no solamente la ausencia de afecciones o enfermedades"

El ámbito de la Psicología Clínica haría pues referencia a la falta de salud de la persona, pero circunscribiéndose en el aspecto "mental" del mismo.

Aunque hay que señalar que la enfermedad mental tal y como veremos en el apartado tercero, va tener un origen multifactorial, e igualmente va a tener importantes consecuencias que sobre la persona que lo padece, sus familiares y allegados.

Consecuencias que van a afectar tanto al ámbito psicológico, de las relaciones interpersonales e incluso laborales o de rendimiento escolar.

Si hablamos de consecuencias psicológicas, hay que tener en cuenta que una de las dificultades para los pacientes con trastornos de salud mental es el estigma social que esta entraña en muchos casos, así, si ya es duro padecer una enfermedad, lo es aún más cuando los demás la conocen, ya que el paciente no sabe cómo van a reaccionar los demás de su alrededor.

Uno de los problemas añadidos a los pacientes es la incomprensión de sus familiares y amigos. Esta incomprensión primeramente se produce cuando existe una falta de conocimiento sobre dicho padecimiento, cómo se ha adquirido, cómo afecta al paciente, pero sobre todo sobre cómo se le debe de tratar.

Tradicionalmente con la esquizofrenia, los pacientes eran aislados del resto del mundo, confinados en sus propias casas o en centros especializados, donde no pudiesen "hacer mal" a nadie, siendo ocultada dicha realidad por la familia, como signo de vergüenza. Los amigos por su parte, solían también alejarse debido a que no se tenía demasiado conocimiento sobre si aquello era peligroso, contagioso o curable.

Es lo que se denomina estigmatización, por el cual un paciente lleva como un "cartel" que dice, "cuidado" y los demás al ver esa etiqueta reaccionan aislándolo.

Algo parecido ha sucedido con una enfermedad,

que, por ser relativamente reciente, no se sabía muy bien cómo reaccionar ante ella. El V.I.H. (Virus de Inmunodeficiencia Humana), una enfermedad que tuvo su apogeo sobre los años ochenta y que se extendió rápidamente entre aquellos que realizaban prácticas de riesgo relacionadas con el sexo o con el consumo de drogas.

Un colectivo al principio muy específico que favoreció el desarrollo de la idea general de ese "cartel" que permitió la estigmatización, produciéndose similares sentimientos de rechazo e incomprensión.

Pero la estigmatización no es sólo un rechazo frontal en el que se va poco a poco excluyendo a la persona de realizar actividades con sus amigos y compañeros, sino que es incluso más sutil, haciendo que estos pacientes tengas mayores dificultades a la hora de encontrar trabajo o mantenerlo, con lo que la sociedad poco a poco los va excluyendo, ya que, sin trabajo, las posibilidades económicas se ven limitadas, y así sus posibilidades de desarrollo personal y social.

Ya hemos visto, que ya sea por padecer una enfermedad metal como la esquizofrenia o por padecer una enfermedad física como el S.I.D.A. (Síndrome de Inmunodeficiencia Adquirida) los dos tipos de pacientes van a recibir y percibir ese rechazo de familiares y amigos, pero entre estas dos enfermedades, una mental y otra física, ¿Cuál es las dos está más estigmatizada?

Esto es precisamente lo que trata de averiguar un estudio realizado por el Hospital Federal de Neuropsiquiatría (Nigeria) y publicado recientemente en African Journal of Psychiatry.

En el estudio participaron 182 pacientes, la mitad diagnosticado con VIH y la otra mitad con esquizofrenia.

A todos ellos se les administró una escala que evalúa la estigmatización de una enfermedad (Internalized Stigma of Mental Illness Scale – I.S.M.I.) a la vez que se recogían los datos demográficos de los pacientes.

Los resultados muestran elevados niveles de estigmatización percibida, que casi llega a la mitad de los casos entre los que sufren esquizofrenia, mientras que entre los pacientes con V.I.H. sólo se presenta en uno de cada tres pacientes.

Las correlaciones de estos resultados con los datos demográficos muestran diferencias importantes entre ambas patologías.

Si en el caso de la estigmatización percibida entre pacientes con esquizofrenia está relacionado con un bajo nivel educativo, así como con la carencia de empleo.

En el caso de los pacientes de V.I.H. ni el nivel educativo ni el realizar o no empleo afecta en su estigmatización, en cambio le afecta significativamente el ser soltero, algo que por otra parte parece lógico debido a que ésta enfermedad está relacionada con las relaciones sexuales.

Una vez me preguntaron exactamente qué era una determinada psicopatología, en ese caso fue sobre el autismo, actualmente denominado como Trastorno del Espectro Autista y yo me remitía a lo que en ese momento decían los manuales de diagnóstico clínico.

A saber, existen dos que son los más usado, uno empleado principalmente en EE.UU. denominado Manual diagnóstico y estadístico de los trastornos mentales, en inglés (Diagnostic and Statistical Manual of Mental Disorders, D.S.M.) actualmente en su versión quinta, que suele encontrarse su denominación como D.S.M.-V

En Europa por su parte el manual más comúnmente empleado es la Clasificación Estadística Internacional de Enfermedades y Problemas Relacionados con la Salud en su versión décima, también conocido como C.I.E.-10, o en sus siglas inglesas I.C.D.-10 (International Statistical Classification of Diseases and Related Health Problems).

En ambos manuales se establece una clasificación de trastornos mentales, y de cada uno de ellos, los subtipos correspondientes en función de la edad de inicio o causas.

De cada trastorno mental tanto el D.S.M.-V como el C.I.E.-10 se contiene una descripción de su sintomatología, y en ocasiones de algunos signos, el origen, la población afectada, la comorbilidad con otros trastornos y en ocasiones la evolución de la misma.

De forma que cuando llega un paciente a consulta, y tras la entrevista clínica correspondiente, se puede consultar el D.S.M.-V o el C.I.E.-10 para comprobar a qué psicopatología se corresponden esos síntomas descritos por el paciente

El D.S.M.-V no mantiene la misma clasificación del C.I.E.-10, e incluso, dentro de un mismo trastorno se puede describir requisitos diferentes para su diagnóstico en función del manual empleado.

E igualmente hay que tener en cuenta que estos manuales se van revisando cada cierto tiempo, añadiendo nuevos trastornos, eliminando otros, o modificando los criterios de evaluación de los mismos.

Por ejemplo, en el caso del Autismo, el C.I.E.-10 lo engloba dentro de la categoría de los Trastornos generalizados del desarrollo (F.84), en el epígrafe titulado: Autismo en la niñez (F.84.0)

"Es un tipo de trastorno generalizado del desarrollo que se define por:

a) la presencia de un desarrollo anormal o deteriorado que se manifiesta antes de los tres años de edad

b) el tipo característico de funcionamiento anormal en las tres áreas de la psicopatología: interacción social recíproca

Además de esas características diagnósticas específicas, es frecuente una variedad de otros problemas no específicos tales como fobias, trastornos del sueño y de la ingestión de alimentos, rabietas y agresiones o autoagresiones."

Por su parte y dentro de esta categoría se encuentra el Síndrome de Asperger (F84.5) definido como:

"Trastorno de dudosa validez nosológica, caracterizado por el mismo tipo de deterioro cualitativo de la interacción social recíproca que caracteriza al autismo, conjuntamente con un repertorio de intereses y de actividades restringido que es estereotipado y repetitivo.

Difiere del autismo fundamentalmente por el hecho de que no hay retraso general, o retraso del desarrollo del lenguaje o del desarrollo intelectual.

Este trastorno se asocia a menudo con una torpeza marcada.

Hay fuerte tendencia a que las anormalidades persistan durante la adolescencia y la edad adulta.

Ocasionalmente ocurren episodios psicóticos en la edad adulta temprana."

Por su parte en el DSM-V desaparece la clasificación separada de la versión anterior (DSM-IV) de autismo y el síndrome de Asperger y se presentan ambos en una "macro" etiqueta denominada Trastorno de Espectro Autista, donde no se realiza ninguna distinción entre ellas, por lo que las pruebas diagnósticas, el tratamiento van a ser los mismo independientemente de lo que con anterioridad se denominaba Síndrome de Asperger.

Igualmente queda incluida en esta "macro" etiqueta el Trastorno de Rett, el Trastorno Desintegrativo Infantil, y el Trastorno Generalizado del Desarrollo no especificado.

Definiéndose la sintomatología que ha de presentarse en el Trastorno del Espectro Autista:

a. deficiencias en la comunicación social" (los problemas sociales y de comunicación se combinan)

b. "comportamientos restringidos y repetitivos.

En los cuales los síntomas deben estar presentes desde la temprana infancia, aunque pueden no manifestarse plenamente hasta que la limitación de las capacidades impide la respuesta a las exigencias sociales.

Como vemos ambos manuales no establecen las mismas categorías de diagnósticos, ni los requisitos ni las condiciones iguales. Es por ello, que en la práctica profesional se debe de "seleccionar" aquel que se va a emplear y ajustarse al mismo, para poder ofrecer una calidad asistencial al paciente.

En los últimos años y gracias a los avances de las técnicas de neurociencia, se ha llegado a plantear una tercera vía de diagnóstico en el que se tiene en cuenta nos signos, sin poner la "etiqueta" de "depresión", "ansiedad",…

Esta aproximación trata de volver a las raíces médicas, donde se trata al paciente desde el punto de vista biológico. De ahí que se haya hecho un especial esfuerzo en los últimos años por detectar y determinar los biomarcadores.

Sabiendo que una de las mayores

preocupaciones de los investigadores es la detección temprana del Alzheimer, por eso los avances en éste ámbito son siempre bien acogidos

Uno de los "problemas" más importantes a la hora de tratar el Alzheimer es que suele detectarse "tarde", esto es, cuando los signos y síntomas son tan evidentes, que el deterioro cerebral que lo produce está muy avanzado, de ahí la importancia del desarrollo de técnicas de detección temprana, lo que permite iniciar cuanto antes la intervención terapéutica, la cual todavía no consigue revertir los efectos de la enfermedad, pero sí ralentizarla e incluso detenerla durante un tiempo.

Las nuevas investigaciones permiten tener esperanza con respecto a éste campo, visto los resultados alcanzados, en éste artículo se comentarán dos de los avances más recientes:

- El primero viene de la mano de la Universidad Estatal de Ohio, quienes han desarrollado una prueba de acceso libre y gratuita denominado de Prueba Gerontocognitiva Autoadministrada, S.A.G.E. por sus siglas en ingles Self-Administered Gerocognitive Examination, por la cual cualquier persona puede realizar una serie de pruebas con las que determinar si existen evidencias de inicio de deterioro cognitivo, aunque el test en cuestión únicamente está accesible en inglés, supone un gran avance, en cuanto al acceso libre de las pruebas y en cuanto a que proporcionar un índice de detección prematura, que te advierte si algo no va bien, y con ello poder ir al especialista para concretar si se trata de un problema y de ser así, ver si hace falta poner en marcha un tratamiento específico al respecto.

El test compuesto por 22 preguntas ha sido validado por 1000 voluntarios de aproximadamente 50 años y dio como resultado la detección de 4 de cada 5 casos con deterioros cognitivos leves. La prueba que se auto-administra en unos 15 minutos es sin duda un gran avance, ya cualquier persona, en cualquier momento puede poner a prueba sus habilidades cognitivas y comprobar qué tal están.

- El segundo, realizado por la Universidad del Norte de Texas, recientemente publicado en la revista especializada Dementia and Geriatric Cognitive Disorders.

Se trata del desarrollo de un biomarcador, es decir, una prueba analítica por la cual conocer la presencia de la enfermedad del Alzheimer, a diferencia de otros estudios anteriores de biomarcadores, éste no trata de correlacionarse directamente con el Alzheimer sino que lo hace con las pruebas estándares empleadas para la detección de ésta enfermedad, es decir, otros estudios de biomarcadores, buscan y analizar, signos de marcadores como sustancias en la sangre, en el volumen cerebral,... que puedan dar indicios de la enfermedad; en cambio éste estudio, parte de que los instrumentos de detección neuropsicológicos están suficientemente validados, por lo que ha buscado la correlación entre estos y los biomarcadores a través de complejos algoritmos.

En éste estudio participaron 197 pacientes con Alzheimer frente al mismo número sin la enfermedad. Los resultados permiten obtener biomarcadores que correlacionan con las pruebas neuropsicológicas, de forma que pueden ser sustituidas estas por un "simple pinchazo", al modo en que lo hacen los diabéticos, y con esa gota de sangre determinar si se padece o no Alzheimer.

El estudio trata de "dar un rodeo", sin entrar a evaluar a los signos de la enfermedad, simplemente quedándose en que a través de éste sistema de análisis de sangre se obtienen los mismos resultados que empleando las baterías estandarizadas de las pruebas neuropsicológicas.

Dos grandes aportaciones desde mi opinión, que permiten tener esperanzas de un diagnóstico temprano, empleando para ello técnicas no invasivas, y que proporcionen información rápida y fiable, que supera con mucho las pruebas que hasta ahora se tienen como en el caso de los biomarcadores a través de pruebas genéticas.

Igualmente, y desde el ámbito puramente genético se ha tratado de explicar la conducta humana, sabiendo que la relación entre la genética y lo psicológico ha sido un ámbito de discusión casi desde los orígenes de la psicología.

Si se concibiese que todo lo psicológico está preprogramado en la genética, no tendría sentido el campo de la psicología, salvo como una especialización de la propia rama de la genética.

Y, al contrario, si no existiese relación alguna entre la genética y lo psicológico, no tendría sentido la genética humana tal y como se concibe hoy en día.

Los datos actuales defienden una aproximación intermedia, donde existe una base genética y un "libre albedrío" de lo psicológico que se construye sobre dicha base.

Aunque es cierto que algunas patologías nos "recuerdan" la importancia de un desarrollo genético adecuado para poderse desarrollar la persona con todas sus capacidades.

Un tercer factor que va a influir en el campo de

la psicología es el medioambiental, es decir, las circunstancias que rodean a la persona, ya sea en el ámbito afectivo, social e incluso económico.

Un trinomio genética, ambiente y persona que van a conformar lo que somos, pensamos y hacemos, todo ello además basado en nuestras propias experiencias, aciertos y errores, pero ¿Influye la genética en lo psicológico?

Esto es lo que se ha tratado de responder con una reciente investigación encabezada por la Social Science Genetic Association Consortium y realizada por un grupo internacional de ciento noventa científicos cuyos resultados han sido presentados por el Center for Economic and Social Research in the USC Dornsife College of Letters, Arts and Sciences publicados en Nature Genetics.

En el estudio considerado como el más grande realizado hasta la fecha, participaron 982.420 personas, donde se analizaron sus secuencias genéticas para detectar la presencia o no de correlación con tres características psicológicas:

- la satisfacción con la propia vida que tiene que ver también con la felicidad, para lo cual se estudiaron a 300.000 personas.

- la sintomatología depresiva, para lo cual se analizaron a 550.000 personas.

- el neuroticismo, extraído del modelo de personalidad de Hans Eysenck (que se verá más adelante), para lo cual se analizaron a 170.000 personas.

Los resultados informan que en el caso de la satisfacción con la propia vida se encontraron correlaciones con tres variantes genéticas que podían explicar los distintos niveles de satisfacción.

Con respecto a los síntomas depresivos se hallaron dos variantes genéticas que lo explicaban.

Por último, con respecto a la presencia de neuroticismo se encontraron once variables genéticas que tenían una influencia directa en el mismo.

A pesar de estos descubrimientos, y tal y como afirman los autores del estudio, es pronto para poder sacar conclusiones al respecto, ya que hay que analizar el "peso" de cada una de estas variantes genéticas, y cómo se expresan en la vida de la persona.

Igualmente cabe destacar como limitación del estudio que no hayan encontrado correlaciones en otras características psicológicas, ya sea por no haberlo incluido en su modelo o porque estas no fueran significativas con ninguna variante genética analizada.

A pesar de lo anterior, el descubrimiento

anterior es un paso en la dirección correcta para conocer y comprender aún más la naturaleza humana, sin deslegitimar por ello los avances que desde la psicología se realizan en este ámbito.

Capítulo 2. Diferenciación entre signos y síntomas en Psicología Clínica.

U Lo primero que hay que señalar es que actualmente existen tres aproximaciones a la enfermedad, que no son excluyentes entre sí ya que unas se nutren de los avances de las otras, así se puede hablar del campo de la medicina, de la psicología y de la aproximación psicosomática.

La diferencia principal de estas tres ramas del saber, que se encargan desde su perspectiva de la salud en la persona, es precisamente dónde se pone el foco de atención, tanto en determinar el origen como la intervención a realizar.

1) Desde el ámbito médico hasta bien entrado el siglo XVI se ha mantenido la tradición somática de las enfermedades y su tratamiento, presente en los postulados del médico griego Galeno, el cual descartaba cualquier padecimiento que no fuese observable, es decir, únicamente consideraba como enfermedades las que tuviesen una sustentación orgánica real y objetiva.

A pesar de los avances anatomopatológicos, fisiopatológicos y etiopatogénicos, cada vez quedaba más patente la intervención de lo psíquico en el curso de las enfermedades, pero hay que esperar a finales del siglo XIX a que reputados médicos se interesaran por fenómenos como las neurosis o las histerias, surgiendo términos como el de "enfermedad por representación" o el de "lesión dinámica".

A partir de estas aportaciones, y superando las reticencias de las posturas que aún defendían el reduccionismo biológico, se ha ido progresivamente incorporado en la práctica clínica aspectos relativos a la vivencia subjetiva del paciente tanto en el diagnóstico como en el tratamiento.

A pesar de los avances a la hora de determinar la interdependencia entre la psique y el soma, en la actualidad, existe todavía una clara infravaloración de los aspectos psicológicos en el ámbito hospitalario, tal y como lo refleja la distinción entre los términos clínicos signos y síntomas:

- Los signos, hacen referencia a un dato objetivo que recoge directamente el médico, sobre el estado de salud de la persona, como por ejemplo un número reducido de leucocitos en sangre como resultado de una analítica; alteración en las ondas P según el electrocardiograma; o la presencia de placas "seniles" y neurofibrillas evidenciadas por un T.A.C. (Tomografía Axial Computarizada).

- Los síntomas, por su parte, son la expresión subjetiva de un paciente sobre un mal funcionamiento de su organismo. Equivaldría a las quejas o dolencias manifestadas por el paciente sobre su enfermedad; así como la intensidad percibida de molestias o dolores.

A la hora de completar el historial clínico para determinar si la persona padece un cuadro clínico, el valor de los signos es determinante frente al de los síntomas, los cuales se tienen en cuenta como indicios a explorar, sin valor diagnóstico por sí mismos.

2) Desde el ámbito de la Psicología, y en concreto de la Psicología Clínica, se conceptualiza a la persona como un ente dual, formado por un cuerpo físico y una mente inmaterial; concepción defendida desde el racionalismo de Descartes quien estableció la misma diferenciación entre lo que denominaba como Res Extensa (el mundo de lo físico) y la Res Cogitans (el mundo cognitivo o mental); postura que, con más o menos detractores, ha perdurado hasta nuestros días.

La psicología a pesar de ser una ciencia

relativamente joven, con un poco más de cien años de desarrollo, ha encontrado su espacio de estudio precisamente en el campo de la subjetividad de la persona. Los pensamientos, emociones y vivencias personales son el ámbito de trabajo de la psicología. Específicamente la Psicología Clínica se encarga de los desórdenes de los pensamientos, emociones y comportamientos de los pacientes. Los síntomas en éste ámbito juegan un papel determinante, tanto en el diagnóstico como en el tratamiento de las enfermedades mentales.

Como vemos, a medida que profundizamos en el tema, nos podemos dar cuenta de que esa clara diferenciación que hasta ahora asumíamos sobre el ámbito de aplicación claramente diferenciado de la medicina y la psicología clínica, son cada vez más difusos.

Pero esa unidad del soma y la psique puede enfermar, afectando a ambos aspectos de la persona, en éste caso hablaremos de enfermedad psicosomática. Con tal término no nos referimos a una enfermedad netamente biológica, ajena al mundo psíquico de la persona, tal y como sería en los casos de infecciones víricas o lesiones provocadas por un traumatismo; tampoco es el caso de un trastorno mental, en donde no haya afección física, como ante un trastorno obsesivo compulsivo o un trastorno de personalidad; estos ejemplos dan cuenta de ámbitos de aplicación propios y específicos de la medicina y la psicología clínica respectivamente.

3) La aproximación psicosomática, ha surgido en paralelo a ambos desarrollos, como una tercera vía, considerada por algunos como una especialidad de la medicina, denominándola medicina psicosomática, en el que se cambia la concepción de que las enfermedades son del cuerpo (en el caso de la medicina) o de la mente (en el caso de la psicología). Ésta nueva concepción no sólo respeta a las dos anteriores, sino que se nutre de sus avances; sin perder su filosofía de considerar que en las enfermedades existe tanto un componente físico como psicológico.

La aportación del aspecto psicosomático es toda una revolución conceptual, donde no se busca observar los efectos psicológicos de una enfermedad física; ni las consecuencias físicas de un trastorno psicológico; sino que se va más allá. Se basa en una hipótesis de unidad funcional, donde a la mente (psico) y al cuerpo (somá) se les trata como un continuo, sin que exista diferencia entre ellos; de forma que, si una parte enferma, lo hace también la otra parte; y para poder realizar una intervención terapéutica se debe de llevar a cabo en ambos ámbitos

Al hablar de enfermedades psicosomáticas nos referimos a una ruptura de la salud, tanto física como psíquica de la persona, que requiere de un diagnóstico y tratamiento en que se tengan en cuenta ambos aspectos; ya que, si no se realiza así, la recuperación puede verse comprometida. Entre las cuales se encuentran las enfermedades coronarias, la artritis reumatoide o las cefaleas tensionales entre otras.

Ésta diferenciación de campos de aplicación, entre lo biológico y lo mental, ha derivado en una evolución separada en cuanto a técnicas y métodos de evaluación e intervención.

- La Medicina, centrada en el diagnóstico, prevención y tratamiento de las enfermedades, principalmente de origen biológico, ha ido perfeccionando diversas técnicas de diagnósticos de la mano de los avances tecnológicos, como el la Resonancia Magnética (R.M.) o la Tomografía por Emisión de Positrones (T.E.P); así como en la intervención, que van desde las originales pociones o ungüentos, empleados originariamente para intentar dar tiempo al cuerpo a recuperarse de alguna infección; hasta llegar a la más actual, como la cirugía láser o los tratamientos no invasivos mediante radiofrecuencia.

- La Psicología Clínica, por su parte, ha desarrollado una gran variedad de técnicas de evaluación, que van desde las primeras entrevistas semiestructuradas; pasando por los test proyectivos, quizás el más conocido sea el test de Rorschach; hasta llegar a los actuales pruebas psicométricas, validadas y estandarizadas para poblaciones diana; igualmente y una vez establecido el diagnóstico oportuno, el psicólogo tiene a su disposición, un abanico de técnicas de intervención terapéuticas, en función del trastorno mental a tratar, pudiendo ser estas aplicadas de forma individual o grupal, y siendo de un corte más cognitivo, conductual o relacional.

- La aproximación psicosomática por su parte no ha desarrollado técnicas o una metodología propia de trabajo, sino que se nutre de las técnicas y métodos de las dos anteriores; desarrollando, así un cuerpo teórico independiente, sobre el que basar la selección de qué técnica o método emplear en cada caso, en función de la patología del paciente y de sus características de personalidad e historia previa.

Pero volviendo al tema de la diferenciación entre síntomas y signos, puede pensarse que es algo simple, aunque en la clínica no es así, nada más que tenemos que pensar en el caso de la Seudociesis, el cual es un trastorno somatomorfo específico, en donde la persona tiene la creencia errónea de estar embarazada, y donde existen signos objetivos que apoyan esta idea errónea de embarazo como agrandamiento de la cavidad abdominal (sin protrusión umbilical), flujo menstrual reducido, amenorrea, sensación subjetiva de movimientos fetales, náuseas, secreciones y congestión mamarias y dolores «apropiados» el día esperado del parto. El caso contrario sería el de la esterilidad psicosomática.

La esterilidad femenina es definida como la incapacidad de concebir por parte de la mujer, entre las causas que lo originan están las genéticas y biológicas, pero existe un número creciente de casos que no pueden ser explicados por ello, en éste artículo vamos a analizar los aspectos psicosomáticos y las teorías explicativas que se encuentran detrás de ésta patología.

Es precisamente en ésta edad donde se fija Freud para establecer el origen de los "traumas", que mostrarán sus pacientes adultos, partiendo de la idea de que los hechos acontecidos durante la infancia van a quedar en nuestra memoria el resto de la vida, y si estos por alguna circunstancia entraña violencia, esa emotividad quedará contenida y podrá manifestarse durante la vida adulta en forma de síntomas.

Según Helene Deutsch quien estudió multitud de casos clínicos, determinó que tanto la compulsión a la concepción como la esterilidad psicógena tenían la misma base.

El primer concepto, compulsión a la concepción, hace referencia a la facilidad de la mujer de concebir en situaciones psicológicas y socioeconómicas desfavorables.

En ambos casos halla que debajo de ambas alteraciones de la función reproductiva, se encuentra una conflictividad subyacente con su madre "trastornada", que ofrece un "ejemplo dañino", el cual puede ser deseado o rechazado (amor-odio), acompañándose de inmadurez y necesidad de apoyo emocional, siendo la fuente de importantes trastornos de la sexualidad en la vida adulta de la hija.

Igualmente, desde la aproximación psicosomática, se da gran importancia a los primeros años de vida, en la formación de patologías futuras, indicando que el cuerpo aprende a manifestarse de una determinada forma que se establece en las primeras etapas de la vida, y que, con posterioridad, cuando se es adulto, el cuerpo va a usar ese mismo medio, apareciendo con ello las enfermedades psicosomáticas.

Agresiones físicas o psicológicas, maltratos o violaciones son situaciones que van a marcar a la persona, en su desarrollo tanto desde el punto de vista de su personalidad, como en su mundo emocional y a la hora de establecer relaciones interpersonales.

Eso no quiere decir que aquella persona que haya sufrido una de esas situaciones de violencia, vaya a quedar "marcada" para toda su vida y no pueda llevar una vida "normal", aunque existe una predisposición no es determinante, ya que la persona tiene la capacidad de recuperarse con el tiempo, aunque a veces hay heridas que no curan, se quedan en el "olvido".

Uno de éstos hechos es el intento de violación o su consumación en edades tempranas, algo para lo que el menor no está todavía preparado ni física ni psicológicamente y que va a tener importantes consecuencias en su futuro, entre ellas la esterilidad.

El análisis desde la aproximación psicosomática, de algunos casos de mujeres que físicamente estaban sanas, pero que no conseguían quedarse embarazas, ha llevado a señalar que se trataría de una patología psicosomática, donde el mundo emocional está "interfiriendo" en el normal desempeño del organismo.

Actualmente se reconoce que los hechos traumáticos durante los primeros años de vida pueden "torcer" un correcto desarrollo, por lo que se requiere de una intervención especializada para poder superar dichas situaciones y que las consecuencias futuras sean menores.

Entre las causas de la infertilidad, cuando se han descartado los problemas médicos y fisiológicos, se encuentran las de índole psicosomáticos como son:

- La anorexia nerviosa, donde la malnutrición del organismo lleva a una inmadurez sexual, además de alteraciones hormonales con pérdida de la menstruación (amenorrea).

- Las disfunciones sexuales como la disfunción eréctil o el vaginismo, lo que impide la consumación de la relación sexual.

Además de lo anterior se estima que existen una serie de características de la persona que pueden influir negativamente en la fertilidad, como son la baja autoestima, una falta de identidad sexual definida o un desempeño social y sexual ineducado entre otros.

Por último y no por ello menos importante, el

estrés juega un papel destacado en la infertilidad, aunque no queda claro si es causa que lo origina o la consecuencia de la frustración producida de los intentos repetidos por parte de la pareja sin éxito.

Un estudio de la Universidad Western de Australia (Australia) cuyos resultados han sido publicados en la revista científica Human Reproduction muestra los mecanismo fisiológicos por los cuales la ansiedad puede provocar infertilidad, ya que el estrés afecta al hipotálamo, que a su vez afecta a las glándulas endocrinas encargadas de la regulación de la ovulación, provocando alteraciones e incluso la amenorrea; afectando también al trasporte de óvulos por las trompas de Falopio y alterando el flujo de sangre uterino.

Como vemos la diferenciación entre lo que corresponde al ámbito de la medicina, de la psicología o de lo psicosomático es difuso, y en ocasiones se solapa, de ahí que cada vez más, en los hospitales y centros de salud se realice el diagnóstico y tratamiento con parte de un equipo multidisciplinar, donde se incluyen varios profesionales de la salud.

A pesar de lo anterior, existen circunstancias en que es "problemático" el establecer un correcto diagnóstico de los pacientes, ya que sus síntomas y signos no se ajustan a lo que marcan los manuales de diagnóstico de la salud mental (D.S.M.-V y C.I.E.-10), sobre todo cuando estamos ante simuladores, hipocondríacos o las personas que sufren síndrome de Münchausen. A continuación, vamos a ver cada uno de estos casos,

1) Los simuladores, una de las situaciones más difíciles a las que se tiene que enfrentar el sistema sanitario es ante los "simuladores", personas que consumen tiempo y recursos sin que sufran ningún tipo de problema físico.

A pesar de lo cual acuden frecuentemente a la consulta, "inventando" o "simulando" síntomas que sólo están en la cabeza de la persona.

En ocasiones, y para ser más creíbles, estas personas pueden llegar a provocarse arañazos, quemaduras u otros daños, con los que "autentificar" ante el personal médico de su enfermedad.

El motivo que puede encontrarse detrás de estos simuladores es muy diverso, ya sea, evitar una obligación o para conseguir un beneficio.

2) El Hipocondriaco, caracterizado por una preocupación constante por la posibilidad de estar padeciendo uno o más enfermedades, normalmente trastornos físicos graves y progresivos.

Los pacientes que sufren este trastorno manifiestan quejas somáticas persistentes o una preocupación mantenida por su apariencia física.

Las sensaciones propias de un organismo sano, son a menudo interpretados por el paciente como anormales y patológico, provocándole angustia por ello. Esta preocupación suele focalizarse en un sólo órgano o sistema del organismo.

A menudo la hipocondría va a venir acompañado de sintomatología depresiva y ansiedad que pueden fundamentar diagnósticos adicionales.

Según el manual de diagnóstico de los trastornos mentales más empleado en Europa denominado C.I.E.-10, entre los criterios de diagnóstico de la hipocondría están:

A. Preocupación y miedo a tener, o la convicción de padecer, una enfermedad grave a partir de la interpretación personal de síntomas somáticos.

B. La preocupación persiste a pesar de las exploraciones y explicaciones médicas apropiadas.

C. La creencia expuesta en el criterio A no es de tipo delirante (a diferencia del trastorno delirante de tipo somático) y no se limita a preocupaciones sobre el aspecto físico (a diferencia del trastorno dismórfico corporal).

D. La preocupación provoca malestar

clínicamente significativo o deterioro social, laboral o de otras áreas importantes de la actividad del individuo.

E. La duración del trastorno es de al menos seis meses.

F. La preocupación no se explica mejor por la presencia de trastorno de ansiedad generalizada, trastorno obsesivo-compulsivo, trastorno de angustia, episodio depresivo mayor, ansiedad por separación u otro trastorno somatomorfo.

3) El Síndrome de Münchausen, en donde una persona acude reiteradamente a consulta con síntomas difusos, para recibir como beneficio secundario el verse atendido, a esto se le denomina beneficio secundario.

El problema es que estas personas no tienen nada físico, y que a veces el tratamiento que se le pone para "curarle" le enferma, ya que las medicina "no combaten nada".

Las reiteradas consultas en los ambulatorios y centros de salud, puede provocar las sospechas del paciente con Síndrome de Münchausen, que cuando es "descubierto" y enfrentado a "su mentira", "huye" literalmente de aquel sitio y acude a otro centro de salud, donde empieza el mismo proceso de consulta repetidas.

Dentro de este síndrome existe un subtipo denominado Síndrome de Münchausen por poderes, por el cual el paciente utiliza a otra persona, normalmente un familiar cercano (un hijo o hija), para "mantenerle enfermo" y con ello que reciba la atención médica necesaria, mientras que el paciente con Síndrome de Münchausen (generalmente la madre) satisface así su "necesidad de sentirse enfermo", pero esta vez a través de otro, pero ¿cuál es el origen de esta patología tan peculiar?

Un reciente informe presentado conjuntamente por la Universidad Católica del Sagrado Corazón y la Universidad Bio-Médico de Roma (Italia) publicado recientemente en Journal of Psychological Abnormalities in Children explora esta cuestión en una de sus pacientes.

En este caso no se trata de una investigación, sino de un informe de caso único, donde se describe el proceso que ha llevado a una menor de ocho años de edad a convertirse en un Síndrome de Münchausen.

La pequeña de ocho años ingresó en un servicio pediátrico aquejada de una debilidad simétrica progresiva con deterioro en el caminar, pero no existía antecedente en la historia clínica de la menor que lo pudiese explicar.

Después de muchas pruebas motoras y radiológicas no se encontró nada que explicase los síntomas de los que se quejaba el pequeña.

Unas sesiones en psicoterapia mostraron mejorías "sorprendentes" en la pequeña que se llegó a recuperar del todo. Aspecto que la madre de la pequeña rechazó por completo y se "llevó" a la pequeña.

En los dos años siguientes, se realizó el seguimiento de los ingresos hospitalarios de la menor y se observó cómo acudía a otros centros con el mismo problema y después de un tiempo sin "encontrar solución", se retiraba e iniciaba con un nuevo trastorno, en este caso una ceguera, además de haber recibido ingresos por dolor abdominal recurrente y cefaleas.

El estudio concluye sobre la necesidad de una información "fluida" entre centros médicos que permitan detectar a estos pacientes, ya que en ocasiones se someten a pruebas médicas y tratamientos innecesarios, y que incluso pueden poner en riesgo su salud.

Los autores informan de que puede haberse dado una "transferencia" de un Síndrome de Münchausen a un Síndrome de Münchausen por poderes por parte de la madre, pero la "huida" de esta antes de poder realizar las pruebas psicológicas al respecto, impide poder concluir sobre ello.

El estudio a pesar de caso único, informa de una realidad a tener en cuenta, quizás en uno de los casos más difíciles de diagnosticar, y por supuesto de tratar, ya que el paciente que sufre el Síndrome de Münchausen o el Síndrome de Münchausen por poderes como en este caso, no sólo no colabora, sino que "huye" literalmente de la consulta

Aunque por suerte para los profesionales de la salud, los casos anteriores son escasos, por lo que nos centraremos en algunos ejemplos donde se distingue entre signos y síntomas.

Volviendo al caso del Trastorno del Espectro Autista, hay que decir que, aunque los primeros signos del autismo pueden aparecer muy tempranamente, el diagnóstico del mismo suele tardar en producirse, ya que depende de la observación.

Esto es sin duda una desventaja, tanto para el paciente autista como sus padres, ya que cuando antes se detecte, antes se puede iniciar la intervención terapéutica para compensar los "desfases" que este trastorno produce en el desarrollo del menor, especialmente en el área de la comunicación.

Sabiendo que cuanto más tiempo pase sin que el pequeño/a esté sin diagnosticar ni tratar, mayores serán las dificultades que muestren y con ello más difícil el trabajo terapéutico posterior.

Y, por el contrario, los estudios recientes informan de los enormes beneficios en el desarrollo de los pequeños cuando estos han sido diagnosticados y tratados en los dos primeros años de vida.

Una observación que debe de ser llevada por expertos entrenados, lo que dificulta la labor de poder ver al pequeño durante mucho tiempo antes de poder establecer el diagnóstico certero.

Algunos autores como Zwaigenbaum, señalan que se puede evidenciar el autismo, ya desde el primer año de vida.

A ello unido que en los últimos años se ha hecho un esfuerzo tecnológico por desarrollar programas que rastrean determinados patrones, característicos en este caso del autismo, para facilitar la labor del experto a la hora de identificar comportamientos y con ello mejorar el diagnóstico, entonces, ¿Se puede juntar ambas vías, el de la detección temprana con el de la identificación mediante software específico de imágenes grabadas de los pequeños (vídeos caseros)?

Esto es precisamente lo que tratan de averiguar desde la Universidad de Duke, la Universidad de Minnesota (USA) y la Universidad de Campinas (Brasil) publicado recientemente en Autism Research and Treatment.

Para ello han desarrollado un programa, que busca rasgos más característicos del autismo en edades tempranas, seleccionando los momentos en que aparecen estos en las imágenes, para que basado en ello, el experto pueda dar con un diagnóstico más acertado, pero sobre todo antes.

Por tanto, el programa en sí, no establece el diagnóstico, pero sí extrae las secuencias "significativas" que debe de revisar el experto para poder basar su diagnóstico.

Para probar la eficacia del programa han empleado una escala estandarizada de observación de autismo en bebés (A.O.S.I.) junto con el programa que analiza distintas características faciales de los pequeños, en concreto analiza la capacidad de atender a dos estímulos, primero uno y luego otro, y el rastreo del movimiento de objetos en un movimiento lateral.

En el estudio participaron 12 pequeños, de entre 5 y 18 meses; estos pequeños tenían hermanos/

as con diagnóstico de trastorno de espectro de autismo, por lo que estaban en la población de alto riesgo de padecer ellos mismos autismo.

Se realizó una evaluación clínica por parte de dos psiquiatras, que conformarían el grupo de expertos; en el grupo de los inexpertos entrenados, participaron dos estudiantes.

Se compararon los resultados de los expertos clínicos, frente a los inexpertos, y ambos frente al visionado por parte de un experto de los fragmentos seleccionados por el software.

Además de la eficacia demostrada tanto sobre el grupo de expertos como en los inexpertos entrenados, los investigadores defienden el bajo coste de su producto final, con lo que facilitará en breve poder extenderse a todos los centros especializados que así lo soliciten, que, bajo la supervisión de un experto entrenado, facilite el diagnóstico de autismo de una forma más temprana y confiable, con lo que poder iniciar el tratamiento oportuno.

Aunque tal y como los autores matizan, este es el primer resultado, y debe de ser validado por nuevos estudios, antes de poder concluir sobre la utilidad clínica del empleo de éste software de bajo coste que permitirá un diagnóstico temprano del autismo.

Como vemos en este estudio se resalta la importancia del entrenamiento de los "expertos" para que puedan detectar los signos y síntomas característicos para poder establecer el diagnóstico adecuado, usando para ello todas las "herramientas" que tengan a su disposición, como en este caso, los vídeos caseros de los menores.

Capítulo 3. Etiopatogenia y tratamiento de los trastornos en Psicología Clínica.

El término etiopatogenia hace referencia al origen del desarrollo de una patología. En el ámbito de la psicología clínica hace referencia a las causas de los trastornos mentales.

Actualmente se consideran tres como las principales causas de la aparición y desarrollo de las enfermedades mentales, la causa genética, el ambiente y la de la personalidad del paciente.

Una cuestión fundamental a la hora del diseño de los tratamientos y las intervenciones específicas; así no tendría sentido una intervención farmacológica o con terapia genética, ante un trastorno eminentemente producido o motivado por causas ambientales, e igualmente una intervención puramente cognitiva podría ser desaconsejable cuando el trastorno tiene una importante base genética. A continuación, analizamos cada una de ellas:

1) La causa Genética

Aunque tratemos aspectos individuales y psicosociales de la enfermedad mental, no hay que olvidar que este se produce en un organismo vivo, cuyo desarrollo está determinado por una genética. De hecho, la relación entre lo psicológico y lo genético es de doble vía, tal y como lo vamos a ver a continuación:

a) Desde lo genético hacia lo psicológico, al respecto una de las discusiones más encendidas entre los científicos es determinar cuál es el porcentaje de influencia de los aspectos genéticos frente a los ambientales en los trastornos mentales.

Aunque existe cierta documentación al respecto en el que incluso se establecen distintos porcentajes en función del trastorno que se corresponda, es decir, hay trastornos mentales o enfermedades mentales que tienen un mayor porcentaje de influencia genética, proveniente de la herencia de sus padres, en cambio hay otros que no parecen estar tan relacionados con sus genes, sino por las condiciones de vida en donde se desarrolla, así como los modelos de los que va aprendiendo.

Para el estudio de la base genética de las enfermedades mentales, se emplea la observación de los caracteres intrafamiliares, esto es, comprobar si algún familiar, ascendente o descendiente tenía la misma alteración médica, además del análisis de gemelos y mellizos, así como la comparación entre hijos biológicos y adoptados dentro de la misma familia.

En el primer caso, hay que indicar cuál es la diferencia existente entre gemelos y mellizos, aunque ambos nazcan durante el mismo parto, los gemelos tienen igual carga genética ya que proceden de un sólo óvulo (monocigóticos), mientras que los mellizos, tienen distintas cargas genéticas ya que proceden de dos óvulos distintos (dicigóticos). Gracias a estos estudios, se puede comprobar la mayor o menor influencia del componente genético en aspectos como la personalidad, el carácter y la forma de ser.

En caso del estudio de los hijos "naturales" frente a los adoptados, se analiza la incidencia de las enfermedades mentales, así si dos pequeños de una familia muestran la misma enfermedad cuando uno de ellos es adoptado, se puede descartar la causa genética de la misma, siendo la única explicación posible de base ambiental, es decir, hay algo que ambos comparten, ya sea la familia, la escuela, el barrio... que hace que los dos sufran el mismo trastorno psicológico a pesar de provenir de padres y madres diferentes.

También, utilizando éste mismo paradigma se ha estudiado, si hermanos dados en adopción y viviendo en familias diferentes exhiben los mismos trastornos psicológicos, lo que sería un apoyo para la explicación genética en la base de dicho trastorno.

Aunque existen pocos casos analizados, el mejor estudio proviene de una combinación de los dos anteriores, esto es, analizar la salud física y mental, así como los caracteres de personalidad que muestran gemelos monocigóticos que han sido separados desde el nacimiento y han vivido en ambientes totalmente diferentes.

Todo ello para estudiar qué peso tenía la genética frente al componente ambiental (aprendizaje directo y observacional) en cada una de las enfermedades mentales. De ésta forma de trabajo se ha extraído que el componente genético afecta entre un 17 y 28% a los trastornos mentales más importantes, como son, esquizofrenia, trastorno bipolar, depresión, trastorno por déficit de atención y autismo, siendo el restante porcentaje producto de la intervención familiar y social a lo largo del desarrollo de la persona.

Aunque todavía existe una gran polémica al respecto sobre el papel genético de los mismos, ya que según el estudio que se adopte los porcentajes anteriores van a ser más o menos elevadas.

Existiendo cierto nivel de consenso en cuanto al porcentaje medio, es decir sin una población el porcentaje llega 7% pero en otra población únicamente llegar 4%, normalmente se entiende que está alrededor de un 5% de la población mundial, repetidos estos análisis a lo largo de distintas poblaciones y en distintos momentos.

Tal es el caso de la enfermedad de Alzheimer, si se a determinar el porcentaje de la base genética se podrían diseñar nuevos medicamentos orientados a esa interpretación genómica, pero si la principal causa de aparición y desarrollo de esta enfermedad es debido a las condiciones ambientales, como el lugar donde se vive, lo que se come, el nivel de estrés que soporta la persona, o las demandas ambientales, la intervención tendría que ser, eminentemente del tipo cognitivas o neuropsicológica, pero ¿Cuál es el papel de la genética en la aparición de problemas psicológicos?

Para responder esta pregunta se ha realizado un mega estudio con 53.949 sujetos, 30.919 mujeres y 23.030 hombres, y todos ellos mayores de 45 años, excluyendo aquellos que tenían diagnóstico de demencia,

A todos ellos se les han pasado pruebas

individuales de resolución de distintos test de todo tipo, correlacionándolo con su genética en el estudio han participado autores de más de 100 instituciones de investigación y universidades repartidas a lo largo del mundo, desde Suecia hasta Australia, publicado recientemente en la revista científica Molecular Psychiatry.

En el estudio se crea un modelo genético con el que comprobar las predicciones sobre la importancia de los genes implicados.

Los resultados muestran que el cromosoma 21 es el que explica un mayor porcentaje de la variabilidad implicada en la maduración de las capacidades cognitivas y de su pérdida con la edad. Ya que de todos los componentes psicológicos han sido estos el objeto de estudio, como paso previo para comparar con nuevos resultados de pacientes con diagnóstico de demencia, pudiendo determinar así la influencia genética en el caso del envejecimiento normal frente a la demencia.

Entre las ventajas del estudio, tal y como lo destacan los autores, es la gran cantidad de participantes lo que ha permitido conseguir resultados significativos en cuanto al modelo genético explicativo, algo que con un menor número de participantes no es posible observar.

Igualmente, este conocimiento genético se espera que permita diseñar nuevos medicamentos e intervenciones orientados a mantener durante más tiempo las habilidades y capacidades cognitivas, independientemente del paso del tiempo, permitiendo así una mayor calidad de vida durante el mayor tiempo posible.

Tal y como se ha indicado, este estudio es un paso previo para conocer las bases genéticas del desarrollo cognitivo del envejecimiento normal, es decir, aquel en donde no se ve influenciado por ninguna psicopatología, sino que se produce por un decremento de capacidades cognitivas debidos al natural paso del tiempo.

Entre las próximas metas de este equipo multinacional de investigación, está el encontrar la influencia genética de la enfermedad de Alzheimer, una vez que se conoce cómo se produce el decremento de las capacidades cognitivas producidas por el envejecimiento natural de las personas.

b) Desde lo genético hacia lo psicológico, una de las situaciones más difíciles para la persona es saber que tiene una enfermedad genética, sobre todo cuando esta no tiene cura.

Hay que tener en cuenta que cuando esta

enfermedad se expresa ya desde pequeño va a suponer una importante carga emocional en el pequeño, pues ya no sólo tiene que superar las complicaciones médicas que conlleve, sino que además se tiene que enfrentar a la incomprensión, y a veces, burla de sus compañeros de estudios.

Además, todos los días de su vida, se va a levantar con ese padecimiento, cuando se trata de una alteración genética incurable. Es como si le hubiese tocado la lotería, pero sin siquiera haber jugado, ya que al ser algo genético, la persona no ha hecho nada por adquirirlo.

Aunque existen muchos niveles de gravedad, en función de la extensión, o de los órganos afectados, cuanto más externo y evidente sea, mayores consecuencias psicológicas va a tener para la persona que lo sufre.

Igualmente, la vida emocional del adulto, puede quedar marcada por la vivencia de su enfermedad, sobre todo cuando los demás no hacen por entender su situación, dando como consecuencia en algunas ocasiones el aislamiento social, manteniendo un pequeño círculo de amigos o conocidos a los que no les importa su problema, pero, ¿Cómo afecta psicológicamente padecer una enfermedad genética?

Esto es precisamente lo que se ha tratado de

estudiar desde la Universidad de Messina y la Universidad de Trento (Italia), cuyos resultados han sido recientemente publicados en la revista científica International Journal of Psychological Research.

En el estudio participaron 31 pacientes con Talasemia, con edades comprendidas entre los 18 y 50 años, de los cuales eran 19 mujeres.

La Talasemia es una enfermedad genética también denominada Anemia de Cooley o mediterránea, donde existe un problema genético de la sangre, por la que es incapaz de transportar el oxígeno por el cuerpo, lo que puede llevar a importantes problemas sobre todo en los primeros años, si no se detecta a tiempo. Actualmente, y dependiendo de la gravedad de la enfermedad, puede ser tratada mediante transfusiones sanguíneas.

A todos ellos se les pasaron por pruebas estandarizadas, sobre su estado de ánimo a través del Profile of Mood States (P.O.M.S.), igualmente se evaluó su nivel de satisfacción con su vida, a través del Quality of Life Enjoyment and Satisfaction Questionnaire (Q.-L.E.S.-Q.).

Los resultados comparados con las tablas estandarizadas de la población adulta informan de evidentes vivencias de ansiedad, que deben de ser controlados para el desempeño de una vida normal.

Ansiedad que de ser crónica puede acarrear además otro tipo de problemática asociada a altos niveles de estrés.

Por lo que además del tratamiento de la enfermedad, estos pacientes deberían de recibir entrenamiento específico para el control del estrés, con técnicas como la relajación y la visualización, con lo que compensar los efectos psicológicos de esta enfermedad genética.

Hay que tener en cuenta que la enfermedad genética investigada, la Talasemia, tiene una serie de características que no se observa en otras, además de unos rasgos físicos evidentes, sobre todo en la cabeza.

Es por ello que para poder generalizar los resultados a otras poblaciones hay que realizar nueva investigación al respecto.

Igualmente, el haber analizado únicamente dentro de la población italiana, hace que no se puedan extender los resultados a otras poblaciones, con una cultura diferente, donde este problema puede estar mejor o peor aceptado socialmente, y por ello con consecuencias psicológicas diferentes para quien lo padece. Tal y lo demuestra, que, dentro de la población siciliana, existe una amplia conciencia del problema, y que se hagan pruebas genéticas entre los novios, antes de contraer matrimonio. Una prevención para evitar transmitir la genética causante de la Talasemia.

Tal y como se ha mostrado la genética va a jugar un papel fundamental en la relación con la salud mental, ya sea como "origen" de la misma o como causante de un padecimiento que tiene consecuencias cognitivas.

2) La causa ambiental, en donde se incluyen las condiciones físicas, sociodemográficas, de desarrollo e incluso de acceso a la salud en donde se desenvuelve la persona.

Igualmente, la cantidad y calidad de las relaciones sociales van a jugar un papel importante en la salud mental de las personas, pudiendo ser origen o causa de determinados padecimientos asociados al estado de ánimo o al estrés.

Aunque el porcentaje de la influencia genética en las enfermedades mentales pueda parecer alto, quien mayor "peso específico" tiene en la salud mental del individuo es la sociedad en la que se enmarca, y especialmente la familia, que va a servir de pilar fundamental en la formación de la persona como individuo.

A ésta misma conclusión se había llegado ya

desde hace años desde la aproximación psicosomática, al observar cómo familias funcionales tenían hijos sanos, mientras que las disfuncionales provocaban que en los hijos se produjesen manifestaciones psicosomáticas que le iban a acompañar el resto de su vida.

Cuando se habla de familia disfuncional abarca cualquier aspecto de la vida laboral, social, íntima y emocional que pueda afectar al normal desarrollo del menor como persona, pudiendo ser malos tratos hacia la pareja o el menor, pero también situaciones de infidelidad que generen tensión intrafamiliar, pérdida por fallecimiento o abandono de la familia por parte de uno de los cónyuges, separaciones o divorcios, situaciones de paro prolongado o de trabajos demandantes que aumenten el estrés familiar,... incluso la intervención de terceros, que convivan o tengan un gran "peso" en las decisiones familiares, pueden favorecer situaciones que al final desemboquen en una enfermedad psicosomática, influenciadas principalmente por el estrés percibido y por las propias vivencia emocionales.

Pero no pensemos que los más pequeños de la casa piensan y sienten como adultos, y que pueden llegar a ser "comprensivos" con sus progenitores, justificando sus "debilidades" y decisiones "incorrectas" tal y como lo hacen ellos. Los niños son mucho más "simples" que eso y precisamente por ello más vulnerables a los cambios bruscos emocionales o de estrés que se vivan en la familia.

Éstos cambios van a "marcar" al pequeño para un futuro, ya que son los que se graban con mayor fuerza, debido al componente emocional que acompaña, y eso que de adulto pueda que no sea consciente de ellos, aunque esté padeciendo sus "efectos".

En el núcleo familiar se van a establecer los primeros límites, normas y regulaciones que van a regir la vida del pequeño, pero también éste va a interiorizar los ejemplos de los demás, asumiendo lo "no escrito" como propio, gracias a la capacidad de imitación del menor, es por ello, que los padres deben de asumir su responsabilidad no sólo de alimentar cuidar y enseñar las reglas de convivencia, sino también la de educar con el "ejemplo de vida".

3) La causa de la personalidad

Lo primero que hay que aclarar es el concepto de persona, cuya etimología (origen del significado de las palabras) hace referencia a las máscaras que utilizaban los griegos, en sus representaciones de teatro.

Es decir, la persona (máscara) es la imagen con la que nos presentamos ante los demás; sin ser tan estrictos, el término se empela para designar a un individuo sustancialmente distinto del resto, que pertenece a una determinada especie.

Ésta persona va a tener una serie de cualidades, además de sus características físicas, como son el peso, la altura, el color de pelo, piel u ojos, entre otros; también va a presentar una forma sentir y de relacionarse consigo mismo y con los demás, mostrando un estilo de conducta y formas de hacer propias. A éste conjunto de estilos de pensar, sentir y actuar, es a lo que se denomina personalidad, en la que se pueden distinguir tres facetas:

- Biológica, que se corresponde tanto a la información genética adquirida por combinación de las de los progenitores (genotipo); como a los caracteres morfológicos, funcionales y bioquímicos que presenta la persona (fenotipo); el primero se correspondería a nuestra carga genética, mientras que el segundo se refiere a cómo se expresa esa genética de una determinada manera.

- Individual, que abarca las necesidades, deseos y anhelos, es decir, es la motivación de la persona, que será lo que la va a conducir a actuar de una determinada manera para conseguir alcanzar sus metas, igualmente tratará de evitar aquello que le resulte poco atractivo o desagradable.

- Social, a través de las relaciones interpersonales, aprendemos no sólo a convivir con los demás, sino también a pensar y sentir de una determinada manera. La cultura, el idioma, los usos y costumbres, van a ir configurando desde los primeros meses las tendencias de pensar, sentir y comportarse del individuo a lo largo de su vida.

Con esto podemos tener una idea aproximada de lo que es la personalidad, como la tendencia a pensar, sentir y actuar de una determinada manera, que va a estar condicionada, por un conjunto de normas que regulan la convivencia, dentro de la sociedad en que se vive, así como por la expresión de una genética trasmitida por nuestros padres, pero, ¿Cómo se forma la personalidad?

Dos son los principales mecanismos que empleamos para conformar la personalidad a lo largo del tiempo:

- La experiencia directa, permite a la persona, desde muy pequeño ir probando distintas acciones, y por ensayo y error, aprender aquello que es agradable o desagradable. Lo primero, se convierte en fuente de deseo, generando tendencias hacia su logro; mientras que lo desagradable, se tiende a evitar o incluso huir de ello.

- El aprendizaje vicario, también conocido como aprendizaje observacional, por el cual la persona es capaz de aprender las consecuencias de determinadas acciones, viendo los resultados que estas generan en otros. Por ejemplo, un bebé es capaz de aprender a no tocar las cosas puntiagudas si ve cómo otra persona se lastima al hacerlo.

A través de estos dos mecanismos, vamos a aprender a identificarnos como individuos, distinto del resto, con características propias, como son nuestro cuerpo, nuestra forma de pensar y de actuar. Pero para llegar a este punto han de pasar un tiempo de experiencia y aprendizaje por parte del bebé, tal y como lo demuestra la prueba de la mancha; previamente a la prueba, al pequeño se le ha puesto una mancha (de carmín) en alguna parte de su frente, para con posterioridad colocarle frente a un espejo, para observar su reacción. Si éste trata de tocarse la mancha, se puede concluir que el bebé tiene conciencia de que ese que está viendo en el espejo es él, es decir, es su reflejo; por lo tanto, ya tendría conciencia de sí mismo, como individuo diferente del resto.

Igualmente, con el tiempo, va a ir adquiriendo la conciencia moral, que es aquella que va a regir nuestra conducta a lo largo de la vida, y por la cual, aprendemos qué es lo que está establecido como correcto o incorrecto, dentro de una determinada sociedad. Así, estarán permitidos e incluso fomentados determinados deseos, pensamientos y formas de actuar; mientas otros quedarán prohibidos, perseguidos y castigados.

Todo ello va a ir conformándonos como persona y estableciendo una determinada forma de sentir, pensar y actuar que fijará nuestra personalidad.

Desde la teoría de los rasgos de personalidad, cada individuo muestra una serie de características, y todas ellas unidas van a formar la personalidad del individuo. Según el autor al que nos refiramos, cada persona puede tener más o menos caracteres y dentro de cada uno de ellos, puede presentarse con más o menos intensidad.

El Psicólogo alemán Hans Eysenck planteó su modelo basado en tres dimensiones de la personalidad:

- Extraversión, evalúa la dimensión social de la persona.

- Neuroticismo (ansiedad), evalúa la dimensión emocional de la persona.

- Psicoticismo, evalúa la dimensión de impulsividad de la persona.

De forma que una persona, por ejemplo, puede tener un nivel bajo de extraversión, alto en neuroticismo y medio en psicoticismo; o cualquiera de las combinaciones posibles.

En el modelo de los Big Five (cinco grandes) se tienen en cuenta, tal y como indica su nombre, cinco rasgos de personalidad:

- Extraversión, evalúa la adaptabilidad social, emocionalidad, asertividad (hablador, callado, franco, abierto, cerrado, aventurado, precavido, sociable, retraído...).

- Inestabilidad emocional (neuroticismo), evalúa el control emocional, emocionalidad, neuroticismo, afecto (equilibrado, nervioso, tenso, tranquilo, ansioso, sosegado, excitable, hipocondríaco).

- Apertura a la experiencia, evalúa el intelecto inquisitivo, cultura, inteligencia, apertura a la experiencia (sensibilidad artística, intelectual, estrecho de mente, imaginativo, rudo...).

- Responsabilidad, evalúa la voluntad de éxito, escrupulosidad, responsabilidad (exigente, pulcro, descuidado, informal, riguroso, laxo, perseverante, inconstante...).

- Amabilidad, evalúa la conformidad, agradabilidad, simpatía, condescendencia amistosa (buen carácter, irritable, celoso, obstinado, dulce, cooperativo...).

Basado en la teoría de rasgos de personalidad, se están explorando qué características están más presentes en aquellos pacientes que exhiben enfermedades psicosomáticas; de forma que se pueda llegar a comprender cómo se producen y sobre todo por qué.

Tanto en el modelo de Eysenck como en el modelo Big Five, el rasgo de personalidad que es determinante para los trastornos psicosomáticos es el de neuroticismo; así una persona que exhiba altos niveles de neuroticismo, tendrá mayores posibilidades de sufrir síntomas psicosomáticos, que otra que tenga mayores niveles de control de sus emociones.

Las personas con altos niveles de neuroticismo, se muestran emocionalmente inestables para hacer frente a las demandas estresantes de la vida, sintiéndose generalmente tristes y abrumadas, con dificultades para poder controlar y expresar sus emociones.

Entre los rasgos más habituales de los pacientes más propensos a mostrar síntomas psicosomáticos, están los perfeccionistas, con altas expectativas de logro, muy responsables, que idealizan su vida y sus relaciones, con tendencia a pormenorizar los problemas y a negar las dificultades. Algunas de estas características de la personalidad que "predisponen" a sufrir sintomatología psicosomática, se enmarcan dentro de la personalidad Tipo A, definido por primera vez por los cardiólogos Rosenman y Friedman del Hospital Monte Sinaí de San Francisco (California).

- En la personalidad Tipo A predomina la agresividad, competitividad, tendencia al perfeccionismo, egoísmo, con problemas de control de las emociones, centradas en el logro. Éste tipo de personalidad se relaciona con una mayor predisposición a sufrir enfermedades coronarias.

Frente al Tipo A los mismos autores plantearon el tipo B, el cual muestra características de personalidad opuestas al primero y que tienen una función "protectora" para la salud.

- En la Personalidad Tipo B predomina la tranquilidad, la calma y el sosiego, son creativos con tendencia a tomarse su tiempo para hacer sus funciones, consiguiendo altos niveles de logro debido a su constancia.

El modelo original expuesto por sus descubridores planteaba una dualidad entre la personalidad Tipo A frente a la Tipo B; en los años ochenta se incorporó un nuevo tipo denominado C enunciado por primera vez por Morris y Greer.

- En la Personalidad Tipo C predomina la

incapacidad para comunicar emociones, sobre todo las negativas, como la ira, la rabia o la tristeza, ocultando sus necesidades y preferencias, siendo poco asertiva, sumisa a los deseos de los demás, con gran autocrítica y tendencia a culpabilizarse a sí mismo de lo que sale mal en su vida. Son personas que tienden a padecer determinadas enfermedades como cáncer y otras enfermedades autoinmunes (lupus, artritis reumatoide o esclerosis).

Hasta la década de los 90 no se incorpora el último tipo de personalidad denominado D descubierto por Denollet y Brutsaert.

- En la Personalidad tipo D la persona se muestra marcada por las emociones negativas de forma crónica, con pesimismo e inhibición social, lo que les lleva a sufrir mayores niveles de ansiedad, irritación y estados depresivos, no compartiendo sus sentimientos por miedo a la desaprobación de los demás. Además, las personas que muestran estos rasgos de personalidad, tienen más probabilidades de sufrir trastornos del estado de ánimo, como depresión y ansiedad, y enfermedades piscosomáticas como úlceras pépticas y trastornos vasculares como hipertensión, cardiopatías isquémicas o arritmias, con mayor riesgo a padecer infartos de miocardio.

Actualmente se está investigando desde

distintos ámbitos para poder explicar la relación existente entre el cuerpo (soma) y la mente (psique), para de ésta forma, dar cuenta de las enfermedades psicosomáticas, encontrando cómo determinados rasgos de la personalidad pueden estar detrás de una mayor predisposición a sufrir una u otra enfermedad, factores que también van a influir en su curso y recuperación.

Como se menciona, la personalidad tiene una alta influencia en la salud, pero ¿Es posible predecir el estado de salud en la base de la personalidad?

Ha sido precisamente el objetivo del estudio de la Universidad Mount Saint Vincent (Canadá) publicado recientemente en psicología. En el estudio participaron 172 alumnos, con edades comprendidas entre los 19 a 30 años.

A todos los participantes evaluaron el control de lugar geométrico como características de la personalidad, para ello los autores utilizaron la escala de Rotter L.O.C.

Para evaluar el nivel de salud mental los participantes completaron la escala de bienestar psicológico de Ryff (con seis compoonéntes de la salud mental).

Los resultados mostraron que hay asociaciones positivas significativas entre seis componentes de la salud mental y el locus de control.

Con este estudio, los autores han destacado en el control de locus, como una característica fundamental de la personalidad a la salud mental.

En este apartado se ha analizado sobre las principales causas de la presencia de los trastornos mentales, parándose en cada uno de ellos e incluyendo ejemplos claros sobre cómo afecta cada uno en la salud mental de la persona. A continuación, vamos a pasar a analizar cuál es el ámbito de aplicación de la Psicología Clínica.

Capítulo 4. Ámbitos de aplicación de la Psicología Clínica.

Con los antecedentes anteriores podemos afirmar que el ámbito de la salud mental es amplio, y no se circunscribe a los trastornos psicológicos, ya que van a estar presentes también en otras patologías (comorbilidad) ya sean estas físicas o psicológicas.

La presencia de comorbilidad es un índice negativo en cuanto al tratamiento y la posible recuperación, ya que la presencia de dos o más trastornos a la vez, hace que se tenga que priorizar entre los síntomas más graves y acuciantes (agudos) en detrimento de otros que son crónicos.

Tal es el caso del tratamiento del cáncer, el cual es una enfermedad con graves consecuencias para la salud física y emocional de la persona. Según el tipo, su extensión o el lugar donde esté localizado este va a tener un mejor o peor pronóstico el tratamiento del cáncer.

En caso de que se pueda intervenir, según las características anteriores el especialista optará por la cirugía, la radioterapia o la quimioterapia.

La quimioterapia es una técnica agresiva que busca detener el avance de la enfermedad a la vez que ataca a las células cancerígenas.

Aunque actualmente se ha avanzado sobre la quimioterapia todavía tiene muchos efectos negativos sobre la salud física y mental de la persona, pero ¿Hasta qué punto interfieren los problemas psicológicos en el tratamiento del cáncer?

Esto es lo que se trata de responder con una investigación realizada desde el departamento de psiquiatría, unidad de psico-oncología del Hospital Central de la Universidad de Coimbra (Portugal) cuyos resultados han sido publicados en la revista científica Advances in Pharmacoepidemiology & Drug Safety.

En el estudio participaron ciento diez pacientes oncológicos que estaban recibiendo quimioterapia, con edades comprendidas entre los 23 a 82 años, de los cuales el 40,9% eran mujeres.

Para evaluar la incidencia del aspecto psiquiátrico se tuvo en cuenta la medicación recibida al respecto, ya fuesen ansiolíticos como las benzodiazepinas, antidepresivos o antipsicóticos.

Los resultados muestran que el 51,8% de los pacientes oncológicos que reciben quimioterapia además están siendo medicados por problemas psicológicos.

De ellos el 90,5% reciben tratamiento asociado con los trastornos de ansiedad; el 59,6% asociado al Trastorno de Depresión Mayor y el 8,2% a trastornos psicóticos.

Por tanto, los problemas psicológicos, además de interferir en la calidad de vida del paciente, lo pueden hacer en la eficacia del tratamiento contra el cáncer tal y como señalan los autores.

A pesar de que el estudio recoge el número de casos según el tipo de cáncer, esta información no se usa para separar los resultados anteriores, por lo que no se puede saber si un tipo específico de cáncer, por ejemplo, el cáncer de mama acarrea más problemas psicológicos o no.

Igualmente, el estudio recoge información sobre el tipo de psicotrópico recibido, pero no así sobre el diagnóstico que ha conducido a dicho tratamiento.

Aún y con las limitaciones anteriores hay que resaltar la importancia de la interacción entre los medicamentos a la hora de afrontar el tratamiento del cáncer, y de cómo los psicotrópicos pueden influir en la eficacia del mismo.

Tal y como indican los autores del estudio, conocer el porcentaje de psicotrópicos empleados en el tratamiento de quimioterapia es un primer paso para diseñar terapias que tengan en cuenta esto y con ello reducir los efectos de interferencia que puedan provocar los psicotrópicos.

En ocasiones incluso se puede dar el caso de que los tratamientos sean incompatibles cuando se presentan dos enfermedades a la vez, tal es el caso de los problemas coronarios ante la enfermedad de Alzheimer.

Aunque actualmente no se conoce los motivos de la aparición de la enfermedad del Alzheimer, si se conocen algunas causas considerados como factores de riesgo de la demencia como son los trastornos cardiovasculares.

Son varias las patologías que se pueden incluir en esta categoría de trastorno vascular como la hipertensión, la hipercolesterolemia (colesterol alto en sangre) o la insuficiencia cardíaca entre otros, todos ellos suelen requerir de medicación específica que facilite el flujo sanguíneo.

Pero el tratamiento se puede complicar cuando estas personas que sufren estos trastornos cardiovasculares además padecen otras patologías tan importantes como el Alzheimer.

Aunque actualmente no existe cura para la enfermedad del Alzheimer, sí existe en el mercado varios médicamente que tratan de combatir su avance, dando así más tiempo de calidad de vida al paciente, al frenar el avance de esta enfermedad neurodegenerativa.

Se ha observado en estudios anteriores, cómo determinados medicamentos pueden tener cierta incidencia en la eficacia del tratamiento del Alzheimer.

Hay que tener en cuenta, además, que la edad de los pacientes suele ser elevada, por lo que es muy importante ajusta la medicación de forma que sea lo más eficaz posible para que combata tanto el avance de la enfermedad del Alzheimer como el trastorno cardiovascular específico que esté padecen cada paciente.

De ahí la importancia de tener alguna referencia sobre cuál es el porcentaje de pacientes con Alzheimer que además están usando medicamentos para tratar los trastornos cardiovasculares.

Esto es precisamente lo que trata de averiguar desde el Instituto Karolinska, la Universidad Stockhol, el Hospital Universitario Karolinska (Suecia) y Centro Internacional de Investigación Clínica y Hospital Universitario de Santa Ana (República Checa) cuyos resultados han sido publicados recientemente en Alzheimer's Research & Therapy.

Para el análisis de los datos se consultó el Registro Nacional del Gobierno de Suecia, entre los años 2007 al 2012 que incluía a 28.722 pacientes diagnosticados con demencia, de los cuales únicamente entraron en el estudio 21.458 pacientes que tenían específicamente el diagnóstico de Alzheimer, de los cuales el 42% eran mujeres.

Los resultados al respecto son claros, más del 65 por ciento de las personas que participaron en el estudio además están siendo tratadas de trastornos cardiovasculares.

Además, el estudio señala una serie de datos sin entrar a valorarlos, como que los hombres consumen más medicamentos para el corazón que las mujeres; que las personas que viven solas consumen menos medicamentos para el corazón; y que a mayor edad el consumo de estos medicamentos aumentaba.

Tal y como indican los autores de este estudio, este debe ser un factor importante a la hora de establecer el tratamiento conjunto, para que, en ningún caso, uno pueda afectar negativamente al otro, e incluso de ser necesario diseñar medicamentos que atendiesen a ambas patologías.

Añadir, que el estudio no entra a valorar cuál es la relación existente entre ambos, aparte de señalar que los trastornos cardiovasculares son un factor de riesgo. A saber, si las personas que sufren trastornos cardiovasculares son asociadas a un determinado tipo de personalidad, el tipo A, asociado a altos niveles de competitividad y estrés, entonces cabría preguntarse si las personas con personalidad tipo A tienen mayores posibilidades de desarrollar Alzheimer.

Como vemos la persona no puede excluirse de su biología ni su genética, por tanto, se ha de tener en cuenta una aproximación completa del individuo, teniendo además en cuenta el componente social del mismo, es decir, la red de apoyo con la que cuenta.

En cuanto al ámbito de la Psicología Clínica este se va a extender a tres principalmente, los pensamientos, sentimientos y el comportamiento. Aunque esta es una distinción meramente "académica", ya que las psicopatologías no van a ser excluyentes. Así y siguiente las categorías establecidas por el C.I.E.-10:

A) En el ámbito de los pensamientos podremos encontrar trastornos:

- Trastornos mentales orgánicos, incluidos los sintomáticos

- F20-F29 Esquizofrenia, trastorno esquizotípico y trastornos de ideas delirantes

- F10-F19 Trastornos mentales y del comportamiento debidos al consumo de sustancias psicotropas

- F60-F69 Trastornos de la personalidad de la conducta

- F70-F79 Retraso mental

- F80-F89 F95.9 Trastornos del desarrollo psicológico

En esta categoría se incluirían problemas de salud mental tan importantes como:

F00 Demencia en la enfermedad de Alzheimer

F20 Esquizofrenia

B) En el ámbito de los sentimientos, que va a ser el más frecuente en la práctica clínica tenemos:

- F40-F48 Trastornos neuróticos, secundarios a situaciones estresantes y somatomorfos

- F30-F39 Trastornos del humor (afectivos)

- F90-F98 F51.8 Trastornos del comportamiento y de las emociones de comienzo habitual en la infancia y adolescencia

En esta categoría se incluirían problemas de salud mental tan importantes como:

F30 Episodio maníaco

F31 Trastorno bipolar

F32 Episodios depresivos

F40 Trastornos de ansiedad fóbica

F42 Trastorno obsesivo-compulsivo

C) En el ámbito del comportamiento tendremos:

- F10-F19 Trastornos mentales y del comportamiento debidos al consumo de sustancias psicótropas

- F50-F59 Trastornos del comportamiento asociados a disfunciones fisiológicas y a factores somáticos

- F 90-F98 F51.8 Trastornos del comportamiento y de las emociones de comienzo habitual en la infancia y adolescencia

En esta categoría se incluirían problemas de salud mental tan importantes como:

F50 Trastornos de la conducta alimentaria

F90 Trastornos hipercinéticos

El ámbito de la Psicología Clínica por tanto abarca todo el espectro de la psicología de la persona cuando esta deja de ser "adecuada" según los criterios que se establecen en cada caso.

Eso quiere decir, que en un momento determinado un comportamiento, pensamiento o sentimiento puede ser considerado patológico y en otro no, en función del cambio de los criterios establecidos, tal y como ha sucedido recientemente con el duelo.

Normalmente cuando se habla de dolor se piensa en el dolor "físico", es decir, aquel que tiene una causa externa, percibida a través de los sentidos, y transmitida al cerebro para su procesamiento, pero existe otro dolor, de origen psicológico, denominado duelo.

El duelo, que experimenta una persona cuando pierde a alguien o algo querido, cuanto mayor sea la proximidad física y emocional hacia esa persona, o la estima que se le tiene a ese objeto, mayor efecto tendrá sobre sus emociones. Es cierto, que "no se puede comparar" la pérdida de un familiar, con la de un perro, o la de un juguete que se tenía desde pequeño, pero la vivencia psicológica puede ser igual de intensa en los tres casos, ya que depende del cariño que se le tuviese.

El "dolor" que se siente es tan profundo que puede llegar a ser incapacitante, lo que además va a ir acompañado de un estado de ánimo decaído, con pérdida de interés por las actividades que antes le resultaban "placenteras", buscando el aislamiento y el distanciamiento de los demás, especialmente de aquellos que "le recuerden" la pérdida, llegando en ocasiones a querer cambiar de lugar de vivir para evitar encontrarse con "sus recuerdos".

Quizás los "dolores" más intensos para los hijos, provenga de la pérdida de sus progenitores, especialmente de la madre, ya que es sobre dicha figura donde recaen las tareas de atención, protección, alimentación y cuidado, además de ser la primera figura de apego.

Para lograr superar el "tránsito" del duelo, hay que ir pasando por una serie de etapas, que van a conducir al "superviviente" a aceptar su "nueva condición", sabiendo que esa persona querida que ha pasado por su vida, nunca dejará de estar presente de una forma u otra. Según Kübler-Ross se ha de pasar cinco etapas: negación, ira, negociación, depresión y aceptación.

Incluso aunque llegue un "sustituto", un padrastro o madrastra, eso no va a hacer olvidar el dolor sentido por la pérdida, aunque sí lo mitiga en la medida que "rellena" parte del el vacío afectivo que dejó la "separación", lo que va a permitir a la persona "descargarse" de los pensamientos recurrentes que suele acompañar al duelo, tales como "Si lo hubiese sabido....", "Si en vez de...", "Si le hubiese dedicado más tiempo..."; pensamientos que pueden generar "falsos" sentimientos de culpa, en el que la persona puede llegar a "caer", atribuyéndose la responsabilidad de unos hechos, que en la mayoría de los casos son imprevistos y alejados a su control.

En todas las sociedades se establecen determinados rituales en torno al difunto, que no hacen sino servir como manifestación pública de dolor, lo que a la larga va a ayudar a los "supervivientes", ya que han tenido la oportunidad de comunicar sus sentimientos, y de que los demás le den muestras de apoyo y cariño, todo lo cual va a facilitar el "transito" que implica también un cambio de rol, donde el cónyuge se convierte en viudo/a, y el hijo/a en huérfano.

Participar en dichos ritos hace que el menor sienta que está "actuando", haciendo algo, para "honrar la memoria" de su progenitor fallecido, y que además cuenta con el apoyo de familiares y amigos que le acompañan, lo que le ayuda a asumir la "pérdida" y a hacerse consciente de ello.

A cada edad se le tiene que ayudar al menor a asumir la noticia, aunque en el caso de los más pequeños todavía no tienen incorporado la noción de "muerte" como algo permanente, siempre hay que decirles la verdad, pero de forma que puedan entenderlo.

Aunque el tiempo parece jugar un papel importante como "catalizador" produciendo efectos "sanadores" al distanciar a la persona del suceso doloroso, se han desarrollado una serie de técnicas que buscan ayudar a superar la situación; para ello, los centro educativos suelen contar con un counseling u orientador escolar, el cual emplea técnicas de juego para expresar los sentimientos del menor, así como para ayudarle mediante "metáforas" a comprender la nueva situación en su vida, facilitando así el "tránsito" del duelo, haciendo que éste no deje "secuelas" en la vida adulta, al menos así lo afirma un estudio realizado conjuntamente por Universidad Georgia Southern y la Universidad de Alabama (EE.UU.) cuyos resultados han sido publicados en la revista científica Professional School Counseling, en donde diseñan un plan de intervención del duelo en la escuela, buscando que dentro de su "ambiente natural" de la escuela encuentren el apoyo y la ayuda necesaria en estos momentos difíciles.

Como hemos dicho, el duelo es el estado psicológico por el que se ha de pasar por la pérdida de dicho ser querido, considerado como una transición previamente para recuperar su estado "normal" anterior.

Pero el duelo no es exclusivo por la pérdida de un familiar, ya que se puede sentir por otras personas o animales con los que exista una fuerte vinculación emocional.

A mayor vinculación emocional mayor va a ser el efecto de la pérdida; igualmente si el acontecimiento que ha generado la pérdida ha sido repentino, mayor va a ser ese sentimiento de pérdida.

Así el duelo por la pérdida de un hijo que ha fallecido en un accidente de tráfico, un fin de semana que salía con los amigos, va a ser sentido como más doloroso, que el fallecimiento de un amigo de nuestro padre que lleva años enfermo.

Esta pérdida va a tener efectos emocionales y en el estado de ánimo de la persona, pudiendo afectar al sueño, el apetito, e incluso en algunos casos desembocando en un Trastorno de Depresión Mayor, pero ¿Cómo afecta el duelo en la Felicidad?

Esto es lo que trata de responderse con una investigación desde la Universidad de Jinan (China), cuyos resultados han sido publicados en la revista científica Psychology.

En el estudio participaron doscientos ochenta y tres estudiantes, de los cuales ciento cuarenta y ocho eran chicas, con edades comprendidas entre los 21 a 26 años.

A los participantes se les separó en tres condiciones experimentales.

En la primera los participantes rellenaron un cuestionario estandarizado sobre felicidad denominado Gallup Happy Mood Questionnaire and Life Satisfaction Scale, antes y después de su condición experimental.

A la mitad de los participantes se les presentó material que contenía eventos de pérdida provocando así un "duelo artificial"; mientras que a la hora mitad no se les enseñó nada. Encontrándose cambios significativos únicamente en el grupo que había recibido el material.

En la segunda condición experimental, se les pidió a los participantes que evaluasen lo que le faltaba a un dibujo; previamente la mitad de ellos debían de recordar un acontecimiento de pérdida personal de un "duelo natural".

Los resultados muestran que aquellos que recordaron una pérdida estimaban peor la tarea, amplificando lo que faltaba.

En la tercera condición se combinaron las dos anteriores, obteniendo similares resultados, pero esta vez con el contenido del material de pérdida y no basado en una experiencia personal, es decir de un "duelo artificial".

Una de las limitaciones del estudio es la evaluación inmediatamente posterior de haber pasado por la condición experimental, lo que registra un efecto puntual, pero no permite saber si ese "duelo" provocado se mantiene en el tiempo o no.

Igualmente, no se han evaluado ninguna característica de la personalidad para saber si hay algún rasgo que afecte a cómo se vive la pérdida.

Por último, a pesar de registrar el número de participantes masculinos y femeninos, no se ha realizado un análisis separado al respecto para saber si los efectos encontrados son iguales para hombres que para mujeres, o no se ven afectados por el género.

A pesar de lo anterior, el estudio hace hincapié en la importancia del "sesgo emocional" que se produce ante la pérdida ya sea natural o artificial, donde la persona que sufre el duelo es incapaz de ver nada que le haga feliz en esos momentos.

Pudiendo de esta manera explicar cómo algunas personas pasan del duelo al Trastorno de Depresión Mayor, al no ser capaces de "salir" de su situación, porque todo lo ve a través de dicho sesgo, en donde se amplifica lo negativo de la vida debido al sufrimiento por la pérdida, siendo incapaz de sentir felicidad por aquello que con anterioridad sí se lo provocaba.

Una vez que conocemos el marco teórico y las últimas investigaciones con respecto al duelo, volvemos al aspecto que nos ocupa, sobre los cambios "normativos" en los manuales de diagnóstico clínico y de cómo estos se van a reflejar en variaciones entre lo que antes y ahora se consideraba patológico y lo que no.

Una de las discusiones más encendidas entre los profesionales de la Salud Mental a la hora de afrontar la reforma del D.S.M.-V ha sido con respecto a la forma de abordar la temática del duelo.

El manual de referencia para el diagnóstico y tratamiento (D.S.M.) va siendo periódicamente revisado por los expertos, realizando inclusiones de nuevas psicopatologías y excluyendo otras. En la última versión, la quinta, han sido pocos los cambios realizados pero muy polémicos. Uno de los más destacados ha sido con respecto a la consideración del duelo, como ente propio o como parte de la depresión. El duelo es una etapa, que pasa la persona cuando pierde a un ser querido, con anterioridad en algunos países este se ve reflejado en una vestimenta distinta y en actos como el velatorio.

El duelo tiene una parte importante de vivencia personal, pero también social, donde se recibe el apoyo y consuelo de los familiares y allegados, así como su pésame. Cuando una persona experimenta el duelo, va a sentirse decaído, triste, sin ganas de hacer nada, perdiendo incluso el sentido de lo que hace. Algo lógico y normal dentro de la sociedad. El problema es que estos son síntomas también de la depresión o, como en psicopatología se denomina, Depresión Mayor.

Algunos expertos han señalado que, si comparten los mismos síntomas, es porque se trata del mismo problema de salud. Otros, en cambio, lo diferencia debido a que existe una "causa que lo justifica".

Otra de las polémicas al respecto es sobre cuánto debe durar el duelo. En algunas tradiciones, está establecido que el luto sea por un periodo de un año, en otras de siete días; pero una cosa es el luto y otro el duelo.

Con anterioridad al DSM-V, se establecía que, si el duelo excede los dos meses, debe ser atendido clínicamente como Depresión Mayor. Actualmente no se respeta ese periodo mínimo de dos meses, por lo que puede ser diagnosticado y tratado desde el momento en que aparezca la sintomatología recogida para la Depresión Mayor.

Con este cambio se trata de dar respuesta cuanto antes a un problema de salud mental tan importante y extendido como es la depresión, sin necesidad de esperar los dos meses preceptivos como se hacía antes.

Por ello, el duelo, ha sido entendido como un "simple tránsito" por el que todos debemos pasar cuando perdemos a un ser querido, pero hay que "vigilarlo" para ver que los síntomas no sean tan importantes que estén escondiendo un verdadero Trastorno de Depresión Mayor.

Hay que tener en cuenta que, en cualquier caso, para superar el duelo es fundamental contar con el apoyo social: familiares y amigos que entiendan la situación y atiendan a la persona mientras está pasando por ese duelo, para que lo haga de la forma adecuada.

Se puede además distinguir entre el duelo y el luto. El primero hace referencia al estado de ánimo del familiar, mientras que el luto es una muestra social, que varía de país en país, y que puede llegar a durar años. El luto de por sí no va a implicar ningún riesgo a la salud de la persona, por lo que la extensión del mismo no supone ningún problema, siempre que se sigan los convencionalismos sociales.

Este no es el único ejemplo, pero sí el más ejemplificador para poner en evidencia cómo los cambios en los manuales de diagnóstico pueden ser sutiles o importantes.

Otra forma de abordar el campo de la Psicología Clínica es distinguirlo en función de la edad de los pacientes que acuden a consulta, tal y como haremos nosotros en este Diplomado de Psicología Clínica con respecto a sus dos últimos puntos, la intervención se puede realizar con una división en dos grandes grupos:

- Infancia y adolescencia, que engloba los problemas de desarrollo cognitivo y de salud mental desde el mismo momento del nacimiento del menor hasta los 16 años.

En este período van a predominar los problemas asociados al desarrollo como por ejemplo el Autismo o el Trastorno por Déficit de Atención con o sin Hiperactividad. Igualmente van a ser frecuentes los problemas de conducta asociados a comportamientos antisociales sobre todo en la adolescencia.

- Adultez y ancianidad, que engloba la problemática del adulto desde los 16 años hasta el final de la vida. Aunque se trata del período más amplio, los problemas que se pueden presentar se consideran homogéneos, salvo los que corresponden con la ancianidad, en donde es más frecuente el surgimiento de determinadas enfermedades como la del Alzheimer.

En este amplio período van a dominar los problemas relacionados con las emociones, principalmente estados depresivos o ansiosos y sus consecuencias. Igualmente, los problemas de conducta más habituales van a estar relacionados con las adicciones, y las obsesiones-compulsiones.

Hay que aclarar, que, si bien existe cierto grado de problemática más específica para una determinada edad, ciertos problemas pueden surgir en cualquier momento de la vida de la persona, y otros, además pueden mantenerse desde que surge.

Tal es el caso de los problemas de salud mental que no tienen cura, los cuales debe de ser tratados durante toda la vida para controlar sus síntomas, como por ejemplo con la esquizofrenia, el autismo o el TDA entre otros.

Con este último apunte acaba este primer tema del Diplomado en Psicología Clínica donde hemos realizado un escueto recorrido por su historia, realizando una distinción con respecto a ramas de estudio afines como la psiquiatría, profundizando en la distinción entre signos y síntomas, así como sobre las causas y tratamientos en la Psicología Clínica para, por último, abordar el campo de aplicación de esta disciplina en la salud mental.

Capítulo 5. Conclusiones

El ámbito de estudio de la Psicología abarca a cualquier actividad humana, para comprender cómo se produce esta, y qué influencia puede tener esta en su vida.

La psicología clínica estudia y analiza las "desviaciones" sobre lo que se considera "esperable" del pensamiento y comportamiento del individuo.

Hay que tener en cuenta que a pesar de que estos criterios han ido cambiando con el tiempo, el establecimiento de los mismos permite comprender el nivel de gravedad, y la mejor forma de intervenir cuando se produce una psicopatología.

Sobre Juan Moisés de la Serna

Es Doctor en Psicología, Master en Neurociencias y Biología del Comportamiento, y Especialista en Hipnosis Clínica, reconocido por el International Biographical Center (Cambridge - U.K.) como uno de los cien mejores profesionales de la salud del mundo del 2010. Desarrollando su labor docente en distintas universidades nacionales e internacionales.

Divulgador científico con participación en congresos, jornadas y seminarios; colaborador en diversos periódicos, medios digitales y programas de radio; autor del blog "Cátedra Abierta de Psicología y Neurociencias" y de diecisiete libros sobre diversas temáticas.

Actualmente desarrolla su labor de investigación en el ámbito del Big Data aplicado a la Salud, para lo cual trabaja con datos provenientes de la India, EE.UU. o Canadá entre otros; labor que complementa con la asesoría a Startups tecnológicas orientadas a la Psicología y el Bienestar personal.